AF244389

RÊVERIES

DE

M. DE CHATEAUBRIANT.

Je ne reconnaîtrai pour authentiques
que les exemplaires qui porteront ma si-
gnature , et je poursuivrai les contre-
facteurs.

RÊVERIES

DE

M. DE CHATEAUBRIANT,

OU

EXAMEN CRITIQUE D'UN LIBELLE INTITULÉ :

DE BUONAPARTE ET DES BOURBONS.

Par M. BAIL, Inspecteur aux revues.

« Honneur et Patrie. »

PARIS,

Chez **ALEXIS EYMERY**, libraire, rue
Mazarine, n°. 30.

1815.

IMPRIMERIE DE J.-B. IMBERT.

AVERTISSEMENT.

———

Cᴇᴛ ouvrage fut composé en juin 1814, c'est-à-dire au moment où la fureur des écrits diffamatoires était portée à son comble. Aucun libraire n'osa se charger de l'imprimer ; et telle était alors la liberté de parler et d'écrire, que, même avant le rétablissement de la censure, la publicité de ces réflexions pouvait être un crime. L'auteur aurait voulu pouvoir toujours conserver le ton de modération qui convient à la vérité outragée, à la justice, à la valeur méconnue, au patriotisme et à l'honneur français si indignement calomniés ; mais, révolté de ce déluge épouvantable de libelles virulens, contre la plus belle et la plus noble des causes, il n'a pas toujours été le maître de se contenir, et il avertit le lecteur que souvent, malgré tous ses efforts, l'horreur qu'il éprouve entraîne sa plume.

RÊVERIES

DE

M. DE CHATEAUBRIANT.

Les écrivains de profession, que les circonstances et les malheurs d'un grand homme avaient subitement déchaînés contre sa réputation, doivent être divisés en deux classes bien distinctes. La première se compose d'hommes qui, depuis vingt-cinq ans, se tiennent à la porte de tous les gouvernemens nouveaux, et disent aux premiers occupans, *soyez les biens venus; vous êtes grands, bons, magnanimes, incomparables; disposez de nos plumes, et payez-nous bien.* Ceux-là écrivent pour avoir du pain. Ils disent tant d'inepties, de platitudes, en style des halles, que le mépris public en fait promptement justice;

et, au scandale près, ce ne sont pas les plus dangereux.

Dans la seconde, on voit des individus qui veulent se faire une réputation aux dépens de qui il appartient ; des intrigans avides de pensions, de places, d'honneurs, de cordons ; prêts à faire leur profit de toutes les convulsions politiques, abusant de leurs talens, de leur savoir, et même du peu d'éloquence que leur a départi la nature, pour transformer en un vil métier la noble destination de l'homme de lettres ; ayant sans cesse le nez au vent de la fortune ; et, timides autant que flatteurs, ne paraissant jamais que pour donner le coup de pied de l'âne, ou insulter les morts : quand il n'y a plus de dangers à courir, ils savent prendre un style arrogant, un ton audacieux, et se battre les flancs pour dénigrer ce qu'ils adoraient la veille. Ces gens-là ont des habits à toutes les tailles ; ils profitent de tout sans danger, sans péril, sans peine, et arrivent, comme le corbeau, après la bataille, pour dévorer les cadavres. *Ils resteraient cent ans au milieu des révolutions et des guerres civiles sans attraper une égratignure* (1).

Le public décidera à laquelle de ces deux classes appartient l'auteur de *Buonaparte et des Bourbons*, cet humble pèlerin, mortifié par un voyage en Terre - Sainte, où il se rendit avec tant de componction (2),

---

(1) Judicieuse remarque contenue dans une petite brochure pleine d'esprit et de sel, intitulée : *Remontrances au parterre.* (Paris, 1814.)

(2) On sait que M. de Ch....., emporté par la fougue d'une imagination déréglée , et les écarts d'un bigotisme insensé , se rendit un beau matin de *Paris à Jérusalem*, où on le fit chevalier de l'ordre du Saint-Sépulcre ; il décrit dans son itinéraire , d'une manière à la fois héroïque et burlesque , la scène de sa réception , pendant laquelle il fut attaché près d'une heure à la longue et formidable rapière de *Godefroy de Bouillon.*

Avant de se mettre en tête de devenir un saint il avait écrit à Londres, en 1797, contre les prêtres et le christianisme. Un mauvais plai-

et qui, après avoir édifié l'Europe par ses
jérémiades, l'a scandalisée par ses empor-
temens :

« Tant de fiel entre-t-il dans l'âme des dévots ? »

De tous les écrits éclos depuis le 1er avril
1814, celui-là est le plus marquant, le

---

sant a déterré cet écrit rare et précieux, intitulé :
Du Sacerdoce ; il en a fait imprimer des fragmens
qui ont été mis en regard avec d'autres, extraits
du *Génie du Christianisme, des Martyrs,* etc.; le
tout forme un contraste aussi bizarre que singulier, de ridicule, d'athéisme, de bigotisme,
d'incrédulité et d'hypocrisie. On ne peut lui re-
fuser la justice qu'il mérite, c'est-à-dire la cita-
tion d'un passage *du Sacerdoce.* Les dévots,
les bonnes âmes, qui voyaient déjà dans cet
écrivain un autre diacre *Paris,* seront un peu
scandalisés des contradictions hérétiques de ce
nouveau *Chrisostôme,* et des apostrophes mé-
créantes de l'auteur des Martyrs. On verra qu'il
ne croit pas même à la possibilité de la vertu.
Voici ce qu'il dit des prêtres dans son ouvrage
du Sacerdoce :

plus fameux, celui qui a paru faire le plus de sensation, et qui offre le plus in-

---

« L'esprit dominant du sacerdoce doit être
» l'égoïsme. *Le prêtre* n'a que lui seul dans
» le monde ; repoussé de la société, il se
» concentre. En voyant que tous les hom-
» mes s'occupent de leurs intérêts, il cher-
» che le sien. Sans femme, sans enfans,
» *il peut rarement être bon citoyen, parce qu'il*
» *prend peu d'intérêt à l'état.* »

« Autre trait du caractère général des prêtres :
» le fanatisme, et en cela ils ressemblent
» au reste du monde ; chacun fait valoir *le*
» *chaland qui le fait vivre.*

» Enfin *la haine doit dominer les prêtres*, parce
» qu'ils forment un corps. *Il n'est point dans*
» *la nature du cœur humain de s'associer pour*
» *faire du bien.* C'est le plus grand danger
» des clubs *et des confréries.* »

« Nous sommes assis dans la société comme
» des marchands dans leurs boutiques (1) ;

---

(1) Quand le lecteur réfléchira que l'écrivain vise souvent au sublime, il sera surpris de cette comparaison triviale, qui est tout aussi déplacée que de mauvais goût sous la plume d'un auteur qui se pique d'être élégant.

croyable amas de paradoxes , d'erreurs , de bévues et de calomnies. Nous en commenterons donc les principaux passages , en citant le texte même.

C'est sur les œuvres qu'il faut juger cet évangéliste d'espèce nouvelle , et sa réputation sera détruite *si l'homme est reconnu.* C'est d'après ses écrits que sera jugé M. de Chateaubriant , tout à la fois incrédule , dévot et libelliste ; c'est en le comparant souvent à lui-même que nous pourrons apprécier les *lieux communs* de cette éloquence devant laquelle un petit nombre d'hommes reste ébahi , et que nous pourrons juger de la grandeur de son courage , comme de la fermeté de ses principes, qu'il prend la peine de nous vanter.

» l'un vend des lois , l'autre des abus , *un*
» *troisième des mensonges* , un quatrième
» l'esclavage ; le plus honnête homme *est*
» *celui qui ne falsifie pas sa drogue.* »

Gare l'inquisition , monsieur l'esprit fort ; cela sent diablement le fagot !

Il dit dans sa préface :

« J'avais commencé cet ouvrage il y a
» trois ou quatre mois ; les événemens
» ont devancé mes vœux : *J'arrive*
» *trop tard, et je m'en félicite* ».

Voilà qui est *prudent*, et surtout *fort adroit* : *il arrive trop tard, il s'en félicite !* En vérité, vous êtes bien bon, M. de C....! cela n'en vaut pas la peine.

« Eclairés par l'expérience, nous sen-
» tîmes enfin que le gouvernement
» monarchique était le seul qui pût
» convenir à notre patrie. Il eût été
» naturel de rappeler nos princes légi-
» times ; mais nous crûmes nos fautes
» trop grandes pour être pardonnées :
» nous ne songeâmes pas que le cœur
» d'un fils de S. Louis est un trésor
» inépuisable de miséricorde. *Les uns*
» *craignaient pour leur vie, les autres*
» *pour leurs richesses.* » (Pag. 4.)

Ces aveux sont tout à fait ingénus de la part de M. de C......; n'est-ce pas comme s'il eût dit : Les honnêtes gens qui ont vendu la France aux armées étrangères, *l'auraient probablement trahie plus tôt, s'ils avaient pu croire qu'on ne les pendrait pas ?* Mais, grâces au Ciel, *ils vivent encore, et jouissent en paix du prix de leur trahison.* Voilà l'idée, la pensée. On dirait que le saint homme était de moitié dans le secret de ces messieurs.

« On désespéra de trouver parmi les Fran-
» çais un front qui osât porter la cou-
» ronne de Louis XVI; un étranger
» se présenta, *il fut choisi.* » (Pag. 5.)

Ici M. de C....... est en contradiction avec lui-même, et sa logique est bien misérable. Si cet *étranger* a été *choisi*, il n'était pas usurpateur. L'argument est simple. S'il a été choisi, il était souverain légitime ; car le vœu du peuple établit seul la légitimité. S'il était usurpateur, *il n'a pas été choisi*, et M. de C....... divague.

« Celui qui priva de ses états le prêtre
» vénérable *qui lui avait mis la cou-*
» *ronne sur la tête ;* celui qui, à Fon-

» tainebleau, *osa frapper de sa propre*
» *main le souverain pontife, et traîner*
» *par ses cheveux blancs* le père des
» fidèles, celui-là crut peut-être rem-
» porter une victoire. »

Voici du pathos, des *lieux communs* de
mélodrame ! Ne dirait-on pas que nous
vivons encore dans ces siècles d'ignorance
où les papes disposaient des couronnes ?
Qui croirait que M. de C....... veut parler
de la cérémonie du couronnement ? Cela
vaut-il la peine d'être relevé ? Est-ce un jeu
de mots ? Qu'est-ce qu'il entend par-là ?
Voudrait-il dire que l'Empereur dut la
couronne au pape, parce que celui-ci la
prit sur l'autel pour la poser sur sa tête ?
Ce serait trop puéril ; mais il le faut pourtant bien concevoir ainsi. On conviendra
que ce misérable rébus serait tout au plus
digne de *Brunet* ou d'un auteur d'*anas*,
encore la plaisanterie manquerait-elle de
justesse ; car l'Empereur prit la couronne
des mains du pape, et se la posa lui-même
sur la tête.

Ne dirait-on pas aussi que l'Empereur fit appeler tout exprès M. de C....... pour le rendre témoin oculaire de la scène qu'il décrit si pathétiquement ? Se figure-t-on le burlesque du tableau qu'il nous dessine ? En vérité, c'est abuser de la crédulité publique, et il faut être bien niais ou bien méchant pour entreprendre de faire croire de pareilles sottises à ses lecteurs.

« La France entière devint l'empire du
» mensonge ; journaux , pamphlets ,
» discours, prose, vers, tout déguise
» la vérité. *(Et plus loin)* : Les gens
» de lettres *sont forcés par des me-*
» *naces de célébrer le despote ; ils com-*
» *posaient , ils capitulaient le degré de*
» *la louange : heureux quand, au prix*
» *de quelques lieux communs,* etc. etc. »
(Pag. 14.)

Il est bien évident que M. de C....... voudrait faire ici amende honorable de certains discours qu'en d'autres temps il avait adressés à celui qu'il nomme *despote;*

mais cette tournure est maladroite. Il voudrait insinuer que la *violence* lui a extorqué des éloges, des flatteries, des bassesses. C'est nous donner une mince idée de sa moralité, de son courage, de sa franchise. Car enfin, quel moyen de persuader que l'Empereur ne pouvait se passer de son approbation, de ses *lieux communs?* Et, d'un autre côté, si des menaces avaient pu décider M. de C....... à se jouer de sa propre conscience, à écrire ce qu'il ne pensait pas, quelle horreur n'inspirerait point une âme aussi basse et aussi perverse ? Qui forçait en effet M. de C....... à insérer dans son *Génie du Christianisme* le passage suivant, qui est d'une modestie édifiante, mais qui contraste bien étrangement avec l'écrit que lui a inspiré le rétablissement des Bourbons ? Voici ce morceau curieux :

« Je pense que tout homme qui peut
» espérer de trouver quelques lec-
» teurs, rend un service à la société

2

» en tâchant *de rallier les esprits à la*
» *cause religieuse ;* et dût-il perdre sa
» réputation comme écrivain, il est
» obligé *en conscience* (en conscience!)
» de joindre sa force, toute petite
» qu'elle soit, *à celle de l'homme puis-*
» *sant qui nous a retirés de l'abîme.*

» Celui *(continue-t-il)* à qui toute force
» a été donnée pour pacifier le monde,
» à qui tout pouvoir a été confié pour
» restaurer la France, a dit au pré-
» mier des prêtres, comme autrefois
» *Cyrus : Jehovah, le dieu du ciel, m'a*
» *livré les royaumes de la terre,* et il
» m'a commis pour relever son temple.
» Allez, montez sur la montagne sainte
» de Jérusalem, rebâtissez le temple
» de *Jehovah.*

» A cet ordre, les Juifs, et jusqu'aux
» moindres d'entre eux, doivent se
» hâter de rassembler les matériaux
» pour la reconstruction de l'édifice.
» *Obscur Israélite ,* j'apporte aujour-
» d'hui mon grain de sable, etc. »

Ainsi, on voit que M. de C......., qui est l'*obscur Israélite*, secondait *le nouveau Cyrus, auquel le ciel avait livré les royaumes de la terre*, et que *l'homme puissant* n'était pas dans ce temps-là un *usurpateur*, un *dévorateur*, un *Corse*. L'auteur ne voyait pas avec les mêmes yeux l'Empereur sur son trône, et l'Empereur exilé ; mais c'est une erreur commune à beaucoup d'autres.

 « Dans les arts, même servitude. *Buo-*
 » *naparte empoisonne les pestiférés de*
 » *Jaffa :* on le représente touchant,
 » par excès de courage et d'humanité,
 » ces mêmes pestiférés. » (Pag. 15). (1)

------

(1) M. de Ch..... a été lui-même à *Jaffa* peu d'années après, et il ne dit pas un mot de ce prétendu empoisonnement dans *son Itinéraire*. Il est vrai que l'Empereur était l'*homme puissant :* on lui passe le silence ; mais dans cette hypothèse comment accueillir l'éloge ?

Il dit, tome 2, page 120 :

Nous voilà dans les atrocités ; il n'y a pas là le mot pour rire : on trouve en M. de C...... les horribles beautés de *Scheakespeare* ; le trivial , le burlesque , mêlés au sentiment et aux noires fureurs du tragique le plus terrible.

Cette assertion n'en est pas moins une des plus abominables calomnies qui aient

---

« A *Saint-Jean-d'Acre* on me parla de la re-
» nommée que l'Empereur et nos armes ont
» laissée au désert. »

Et plus loin, page 72, tome 3 :

« Je ne trouvai dignes de ces plaines magni-
» fiques que les souvenirs de la gloire de
» ma patrie. Je voyais les restes des monu-
» mens d'une civilisation nouvelle *apportée*
» *par le génie de la France sur les bords du*
» *Nil.* »

Et afin qu'on sache parfaitement bien qui est *le Génie de la France* , il dit dans une note :

« On voit encore en Égypte plusieurs fabri-
» ques élevées *par ordre de l'Empereur.* »

jamais été inventées pour noircir la réputation d'un grand général, réputation établie sur tant de faits héroïques.

Il existe encore bon nombre d'officiers et de soldats de la brave armée d'*Orient*; plusieurs étaient à *Jaffa* lorsque l'Empereur s'y transporta pour visiter les hôpitaux, parler aux militaires attaqués de la peste, rassurer par-là ceux qui devaient les soigner, et qu'une juste terreur éloignait de ces malheureux ; il n'y a pas un seul militaire qui n'ait connaissance de cette belle et sublime action ; il n'y en a pas un qui ait dit un mot du prétendu empoisonnement. Comment une exécution aussi épouvantable, qui ne pouvait avoir lieu qu'au moyen de nombreux complices, aurait-elle pu rester ensevelie dans le silence et l'ombre du mystère pendant douze années entières ? Quinze ou vingt mille hommes de cette armée ne sont-ils pas rentrés depuis au sein de leurs familles ? Plusieurs ont été attaqués de ce mal affreux, ils vivent encore. Est-ce sur la foi des libel-

listes anglais (1) qu'un homme de lettres,
qu'un Français, qu'un membre de l'Institut devait hasarder une accusation de cette
nature ? Est-ce là une autorité suffisante
pour oser affirmer un fait de cette impor-

---

(1) Un colonel anglais, dans une diatribe in-
sultante pour l'armée d'Egypte et pour son chef,
avance effectivement cette calomnie dénuée de
toute vraisemblance : il ajoute également que le
général Buonaparte fit massacrer en masse les
prisonniers de guerre turcs à Jaffa, mais il ne
dit pas que ces Turcs furent pris d'assaut, passés
au fil de l'épée d'après les lois de la guerre, et que
ce fut en représailles du massacre des prisonniers
français à *Elarisch*. On fit dire depuis la même
chose au docteur *Desgenettes*, qui aurait dû rendre
hommage à la vérité, et qui ne l'a pas fait. Les
Anglais avaient poussé alors la barbarie jusqu'à
embarquer les prisonniers français sur un vais-
seau à bord duquel était la peste. Deux cents
Français furent étranglés ensuite et jetés à l'eau
à Acre par ordre de Dgezzard, l'allié de l'Angle-
terre ; les Anglais ne s'y opposèrent point ; voilà
les autorités d'un homme qui a la prétention
d'être historiographe de France.

tance, et mélamorphoser en un crime dé-
testable l'un des plus beaux traits de la vie
militaire de Napoléon? Remarquons en pas-
sant que ce n'est pas l'Empereur seul que
M. de Ch...... insulte et calomnie, sur l'assertion et les absurdités d'une brochure
anglaise ; mais l'état-major entier de l'armée d'Orient, dont le moindre individu a
droit aux égards et à la reconnaissance de
ses compatriotes ; plusieurs sont des officiers généraux respectables, encore vivans,
couverts d'honorables blessures , honorés
de la confiance du gouvernement et de l'armée ; ils auraient été nécessairement, je
ne dis pas les complices, mais les agens d'un
tel crime.

« On a vanté l'administration de Buona-
» parte. Si l'administration consiste
» dans des chiffres , si pour *bien gou-*
» *verner* il suffit de savoir combien
» une province produit en blé , en
» vin , en huile ; quel est le dernier
» écu qu'on peut lever , le dernier

» homme qu'on peut prendre ; certes
» Buonaparte était un grand adminis-
» trateur ; il est impossible de mieux
» *organiser le mal* , de mettre *plus*
» *d'ordre* dans *le désordre.* » (Pag. 19.)

M. de C...... fait ici visiblement le sacrifice du bon sens au luxe des phrases : des
mots ne sont pas des faits, et des injures
ne sont pas des raisons. *Il ne faut point de*
chiffres pour gouverner , *mais il en faut*
pour administrer : le gouvernement et l'administration sont deux choses très-distinc-
tes, qui se confondent et se brouillent dans
le cerveau de l'auteur ; ce qui prouve
qu'on peut très-bien composer des capuci-
nades et ne rien connaître en économie
politique. Où l'éloquent académicien a-t-
il pris qu'un administrateur ne doit pas
connaître les produits et les ressources du
sol qu'il fait valoir ? Le mal ne s'organise
point ; car *l'existence du mal est l'absence*
de toute organisation. L'ordre ne peut exis-
ter *dans le désordre* ; ce sont des subtilités,

des phrases inintelligibles, des idées para-
doxales, du bavardage qui semblent an-
noncer un *désordre* mental dans l'organisation de l'écrivain, et qui sont au-dessous
de la critique ; on serait tenté de croire
que l'auteur des Martyrs martyrise le bon
sens, et qu'il n'est pas plus fort en gouvernement et en administration qu'en
logique et en sincérité.

« Il avait, par des combinaisons absur-
» des, ou plutôt par une ignorance et
» un dégoût décidé de la marine,
» achevé de perdre nos colonies, et
» *d'anéantir nos flottes ; il bâtissait de*
» *grands vaisseaux* qui pourrissaient
» dans les ports, et qu'il désarmait
» lui-même pour subvenir aux besoins
» de son armée de terre. Cent frégates
» répandues dans toutes les mers au-
» raient pu faire un mal considérable
» aux ennemis, former des matelots à
» la France, protéger nos bâtimens
» marchands : *ces premières notions*

» du bon sens n'entraient pas même
» dans la tête de Buonaparte. » (p. 21.)

Ainsi voilà celui qu'il qualifiait tout à l'heure de *nouveau Cyrus, d'homme puissant, de génie de la France,* qui tout à coup n'a pas même *les premières notions du bon sens.* Il faut que M. de C....... compte beaucoup sur l'ignorance de ses contemporains. Cependant il en est peu d'entre eux qui n'aient visité les ports maritimes de la France, et qui n'aient été à portée de voir les grands travaux exécutés par les ordres de l'Empereur : on connaît les sommes énormes employées pour relever la marine ; elle était d'une trop haute importance à l'accomplissement de ses vastes desseins, et il y serait parvenu sans doute, s'il n'en eût été distrait par la guerre continentale. Il est au pouvoir de tout libelliste de dénaturer les faits, d'altérer la vérité, d'appeler noir ce qui est blanc ; mais ce que personne ne peut détruire, ce sont les ouvrages entrepris ou achevés par Napoléon , pendant douze années : ils subsistent les ports militaires du *Texel*, d'*Anvers*, de *Boulogne*, (1) de *Cherbourg*, de *Venise* ! ils ont été créés par lui ; ils étonnent l'Europe ; on les admirera, on ira les visiter comme les monumens d'une gloire durable. A aucune des époques brillantes de sa marine, la France n'avait possédé un aussi grand nombre de vaisseaux de tous les rangs ; (2) s'ils ne sont pas sortis des ports, s'ils n'ont pas attaqué l'ennemi, c'est que la somme des moyens d'attaque n'était pas encore complétée, c'est que l'Empereur n'y pouvait donner toute son attention, c'est que des vaisseaux ne suffisent pas pour vaincre, c'est qu'enfin une marine ne s'organise

____

(1) Les travaux d'*Anvers* et de *Cherbourg* suffiraient seuls à la gloire d'un grand souverain.

(2) Il existait déjà plus de cent vaisseaux de *haut bord* en 1812, non compris les frégates et bâtimens légers, depuis la rade du Texel jusqu'à la mer Adriatique.

pas avec la même facilité qu'un rhéteur fait des phrases. On sait que les lois sur la conscription maritime tendaient à développer rapidement, à aguerrir le personnel de la marine ; encore quelques années de succès, la France aurait eu deux cents vaisseaux armés, montés par des marins exercés, intrépides ; ils auraient conquis la liberté des mers, et rivalisé d'ardeur et de gloire avec les braves armées de terre. L'Empereur n'avait pas besoin de hasarder et de perdre cent frégates pour nuire à l'ennemi ; il avait deux mille corsaires répandus sur toutes les mers, et dont le commerce anglais s'est assez souvent ressenti : (1) cent frégates auraient coûté bien des millions en armement, en approvisionnemens et en avaries ; les corsaires ne coûtaient rien, et

---

(1) L'amiral *Linois* a croisé lui-même pendant deux années entières dans les mers de l'Inde, où il fit éprouver des pertes considérables au commerce anglais.

convenaient mieux pour ce but. Mais comment notre auteur aurait-il pu deviner tout cela, lui qui, aveuglé par ses passions, et en proie au délire de la fièvre pamphlétaire, ne s'aperçoit pas de l'existence de cinq grands ports militaires nouvellement construits en Europe ? Le saint homme ! il est devenu miope, et depuis l'entrée des Russes à Paris, il lui faut des télescopes pour apercevoir ce qu'il touche avec le nez.

« Il a dévoré en dix ans *quinze milliards*
» *d'impôts*, la dépouille du monde ;
» quinze cent millions ne lui suffi-
» saient pas. » (Page 21.)

On ne dévore pas quinze milliards d'impôts, à moins de les enfouir dans la terre. M. de C........ ne connaîtrait-il pas l'ingénieuse fable des membres et de l'estomac ? Je l'engage à la lire ; elle lui apprendra en cinquante vers toute la science de l'économie politique : ces quinze milliards n'ont pas été *dévorés*, puisqu'ils ont dû passer alternativement, pendant dix ans, de la circulation dans les coffres de l'état ; raviver et animer l'industrie nationale ; mettre en valeur les produits du sol, et faciliter les échanges par le mouvement qui est l'âme du commerce.

L'Empereur Napoléon a beaucoup reçu et beaucoup dépensé, sans doute ; mais il a dépensé grandement, noblement, en souverain qui a les idées et le génie élevés ; il a employé des sommes immenses en améliorations d'agriculture, (1) en travaux, en monumens, en restaurations qui honorent son règne et son administration ; il a desséché des marais, bâti des villes ; construit des ports, des canaux, des routes, des places, des ponts, des fontaines, des halles, des casernes, des forteresses,

---

(1) Le desséchement des marais infects qui empestaient les environs de Rochefort est dû à son administration éclairée, et ce n'est qu'un fait cité entre mille.

des arsenaux, des vaisseaux; il a changé
la face de la France, et tout cela au milieu
de la guerre et des coalitions sans cesse
renaissantes.

Des encouragemens, des récompenses de
tous les genres ont été décernés aux arts
et à l'industrie; beaucoup d'hommes dis-
tingués ont eu part à la munificence impé-
riale. Mais quoi! M. de C....... n'aurait-il
point à se plaindre de quelque oubli? qui
peut l'avoir ainsi rendu hargneux, injuste,
atrabilaire ? Espérons qu'il sera un jour
récompensé selon son mérite.

Mais c'est *la dépouille du monde* qui
émeut la bile du dévot personnage ! Eh
bien, n'était-elle pas la propriété des vainqueurs? le capitaine et ses soldats en étaient
bien, je pense, les premiers et les plus lé-
gitimes propriétaires ; ils avaient bien le
droit d'en disposer sans l'avis de M. de
C.....? *Clovis*, conquérant des Gaules, dis-
tribua à ses compagnons les terres des vain-
cus. Napoléon a récompensé grandement et
loyalement de braves gens, d'illustres guer-

riers, couverts d'honorables cicatrices ; tous ont eu leur part des dépouilles de l'ennemi, et cette part était le prix de leur valeur et de leur sang ; lui seul s'est chargé d'acquitter la promesse fallacieuse de ce milliard tant de fois assigné pour la récompense de nos défenseurs, par des orateurs de tribunes, plus empressés de satisfaire leur avarice personnelle que de payer la dette sacrée de l'Etat. Napoléon, avec la dépouille du monde, a du moins entretenu ses armées pendant dix ans hors des limites de l'Empire ; il a connu le grand art de nourrir la guerre par la guerre ; il a puisé dans la victoire de nouveaux moyens de vaincre, et il allait enfin réaliser les chimères de la paix perpétuelle lorsqu'il fut trahi par la fortune et les élémens.

« Lorsque Buonaparte fit distribuer des
» alimens aux pauvres, dans l'hiver
» de 1811, on crut qu'il tirait cette
» générosité de son épargne ; il leva
» à cette occasion des centimes addi-

» tionnels , et *gagna quatre millions*
» *sur la soupe des pauvres* ; enfin *on*
» *l'a vu s'emparer de l'administration*
» *des funérailles ,* etc. » (Pag. 23.)

J'avoue que je n'entends pas grand'chose
aux *soupes* et aux *enterremens* de M. de
C.....: Des personnes bien instruites disent
que des fonds avaient été mis à la disposition des préfets sur les centimes addition-
nels, *déjà existans,* pour subvenir à la sub-
sistance des pauvres, à charge d'en rendre
compte; il paraîtrait donc assez naturel que
quatre millions d'économie sur cette bran-
che du service public , fussent appliqués à
d'autres besoins par l'Empereur, puisqu'ils
appartenaient au trésor public ; mais ceci
est un petit embellissement à la manière
de l'auteur; funeste imagination qui vient
gâter jusqu'à la soupe des pauvres !

Il n'est pas plus heureux dans la partie
des enterremens , qui cependant paraît
être le genre caractéristique de son talent.
Personne n'ignore que l'administration des

funérailles fut instituée dans la vue de sous-
traire le public aux taxes arbitraires, aux
vexations des prêtres, qui avaient mis des
prix exhorbitans aux enterremens, de manière que le pauvre n'y pouvait atteindre,
d'où résultait fréquemment le scandale et
l'indécence d'un refus d'enterrer les morts :
voilà ce qui est vraisemblable ; mais ce qui
ne l'est pas du tout, ce qu'on ne croira jamais
sur la foi d'un libelle et sur la parole de
M. de C..., c'est qu'un grand monarque, c'est
que le *nouveau Cyrus*, *l'homme puissant*,
le génie de la France, ait spéculé sur la
soupe et les enterremens de son peuple.
Quand *l'humble Israélite* avance de tels
faits, ne tombe-t-il pas dans le ridicule ?

Si je disais au public, M. de C...... a
épuisé toutes les formules de l'adulation
vis-à-vis de *l'homme puissant*, et aujour-
d'hui qu'il a cessé de l'être, il insulte au
malheur, à l'héroïsme ; il écrit à Londres
contre les prêtres, l'ancienne monarchie et
la religion ; mais à Paris il écrit *pour* les
prêtres, l'ancienne monarchie et la reli-

gion : je citerais ses ouvrages, je les pro-
duirais, et j'aurais prouvé ce que j'avance.

Il serait fatiguant pour le lecteur de
parcourir les amplifications de collége et
les bévues dont l'auteur, *peu familiarisé
avec son sujet*, juge à propos de régaler le
public; sur la conscription nous analyse-
rons seulement les absurdités les plus re-
marquables, les ridicules, les mensonges
entassés dans ce peu de mots.

« Souvent, dit-il, on demandait des
» enfans à ceux qui étaient assez heu=
» reux pour n'avoir point de posté-
» rité. On employait la violence pour
» découvrir le porteur d'un nom *qui
» n'existait que sur le rôle des gen-
» darmes*, ou pour avoir un conscrit
» qui servait déjà depuis cinq à six
» ans. *Des femmes grosses ont été
» mises à la torture* afin qu'elles révé-
» lassent le lieu où se trouvait caché
» le premier né de leurs entrailles.
» Des pères ont apporté le cadavre de

» leur fils, pour prouver qu'ils ne pou-
» vaient fournir ce fils vivant lui-même;
» (*et plus loin*) Buonaparte disait j'ai
» trois cent mille hommes de revenu.
» Il a fait périr, dans les onze années
» de son règne, plus de cinq millions
» de Français ; dans les douze der-
» niers mois, Buonaparte a levé *un*
» *million trois cent trente mille hommes,*
» *sans compter la garde nationale.* »
(Pag. 27.)

Je ne prétends pas nier les abus qui s'é-
taient introduits dans la conscription ;
il y en avait de très-graves peut-être ; mais
je soutiens que le principe de la loi était
bon , très-bon , excellent , et ce qui le
prouve, c'est que tous nos voisins nous ont
imité ; je soutiens qu'il faudra y revenir tôt
ou tard, et que sans conscription il ne peut
y avoir d'armée nationale ; qu'enfin, s'il en
était autrement, les forces militaires de la
France seraient inférieures à celles des autres puissances, qui ont adopté un mode de

recrutement, sans lequel il n'y a plus d'indépendance nationale. M. de C...... tombe
dans la niaiserie avec ses *rôles de gendar-
mes*, et *ses femmes grosses mises à la torture*. On ne peut pas répondre sérieuse-
ment à de telles pasquinades ; je prouve-
rais aisément que l'Empereur n'a point
consommé numériquement autant d'hommes que les circonstances où il s'est trouvé
semblaient l'exiger ; que loin de là ,
en commençant une campagne par une
bataille qui décidait en vingt-quatre heu-
res du sort de la guerre , il a beaucoup
plus ménagé le sang humain qu'autrefois,
où l'on guerroyait pendant trente ans avant
de pouvoir disposer d'une province. Cinq
millions de soldats morts à la guerre depuis le règne de Napoléon ! c'est une exa-
gération évidente ; mais cela fût-il vrai ,
ceux qui réfléchissent en lisant, trouve-
ront qu'on n'a point été au-delà d'une
exacte proportion avec la population d'un
Empire qui comptait quarante-deux millions d'âmes, et qui a dissipé trois grandes

coalitions ; car ce ne serait pas le huitième en douze ans, ce ne serait pas le quarante-huitième par chaque année , ce ne serait pas le cinquième des naissances ; et, comparativement aux entreprises qui ont été faites , aux résultats immenses qu'elles avaient produits, à ce long état de paix qui devait en être le terme, ce calcul est très-modéré.

Il est faux et géométriquement impossible qu'on ait pu lever 1330 mille hommes, indépendamment des gardes nationales, pendant les douze derniers mois ; on n'en a pas eu le temps. On a bien pu les mettre, par décret, à la disposition de l'Empereur; mais jamais ils n'ont pu figurer sous les drapeaux, surtout après le passage du Rhin par l'ennemi, à moins que MM. les alliés n'aient bien voulu nous servir de capitaines de recrutement. M. de Château-briant tombe aisément dans ces grosses bévues, quand une fois il est dominé par la fougue de son imagination ; les millions, les centaines de mille hommes, les suppositions, les contes, les absurdités ne lui coûtent plus rien : il souffle sur les bataillons et les renverse comme des capucins de cartes.

« C'est en effet *un grand gagneur de ba-* » *tailles;* mais hors de là, le moindre » général est plus habile que lui. Il » n'entend rien aux retraites et à la » chicane du terrain ; il est impatient, » incapable d'attendre long-temps un » résultat, fruit d'une longue combi- » naison ; il ne sait *qu'aller en avant,* » *faire des pointes,* courir, remporter » des victoires, comme on l'a dit, *à* » *coups d'hommes......* On a cru qu'il » avait perfectionné l'art de la guerre, » et il l'a fait rétrograder vers l'en- » fance de l'art. Le chef - d'œuvre de » l'art militaire est évidemment de » défendre un pays avec une petite » armée.» (Pag. 36 et suiv.)

Je ne sais pas si nos grands généraux prendront cette tirade pour un compliment; mais de tous les phénomènes qui, depuis quelque temps, occupent l'attention publique, je n'en connais pas de plus extraordinaire, de plus singulier, ni de plus risible que de voir le mérite militaire de l'Empereur Napoléon traduit au tribunal privé de M. de C........ : Turenne, le Grand-Condé, Marlboroug, Villars, Catinat, Luxembourg, Eugène lui-même, n'auraient peut-être pas prononcé d'une manière plus décisive, plus tranchante, plus absolue, plus sèche, sur le mérite de ce grand capitaine, que notre auteur appelle pourtant, par grâce singulière, *un grand gagneur de batailles*. Les hommes du métier souriront de pitié ! Bon Dieu ! de quoi se mêle le saint homme ! qu'il nous indique les auberges de Paris à Jérusalem ; mais pour la tactique, en vérité, il ferait très-bien d'en faire grâce à ses lecteurs. Quoi ! l'*humble Israélite* qui appportait son grain de sable, veut juger des exploits du *nouveau Cyrus* ! Où diable l'orgueil va-t-il se nicher ! Mais

nous oublions que l'auteur des *Martyrs*
est une huitième merveille, un génie rare
et universel qui sait prendre tous les tons,
toutes les formes ; qu'il parle à la fois de
croisades et de *soupes économiques*, de *capucins* et de *marine*, d'*ermites* et de *finances*, de *comédies* et de *funérailles*, de *chevalerie* et de *conscription*, de *plaisirs* et de
guerre, de *triomphes* et d'*empoisonne-
mens*. Il peint le portrait, la caricature,
l'histoire, et jusqu'aux enseignes de ta-
vernes ; rien ne résiste à la facilité de son
pinceau, à la souplesse de son talent. Il ferait la nique au plus intrépide barbouil-
leur. La flexibilité de ses organes est égale
à la capacité de sa conscience ; il ne dit
jamais rien qu'il ne sache d'avance s'il parle
au *vainqueur* ou au *vaincu*. Cela s'appelle des principes ; et M. de C....... est,
sans s'en douter, un homme fort à la
mode.

On va juger de son admirable facilité à
distribuer le *blâme* ou la *louange*, par ce
qu'il disait du *gagneur de batailles*, de

l'*homme inepte*, de l'*usurpateur*, du *dé-vorateur*, etc., etc., dans un de ses discours à l'Institut, à l'occasion de la mort de *Chénier* :

« Mais quel temps ai-je choisi, Messieurs,
» *s'écrie-t-il*, quel temps ai-je choisi
» pour vous parler de deuil et de funé-
» railles ! ne sommes-nous pas envi-
» ronnés de fêtes !..... Voyageur soli-
» taire, je méditais il y a quelques
» jours sur la ruine des empires dé-
» truits, et je vois s'élever un nouvel
» empire. Je quitte à peine les tom-
» beaux où dormaient des nations
» ensevelies, et *j'aperçois un berceau*
» *chargé des destinées de l'avenir.* De
» toutes parts retentissent les accla-
» mations du soldat. *César prépare son*
» *triomphe ; les peuples racontent des*
» *merveilles, les monumens élevés, les*
» *cités embellies,* les frontières de la
» patrie baignées par les mers bien-
» faisantes qui portaient les vaisseaux

» des Scipions, et par les mers recu-
» lées que ne vit pas Germanicus.

» Tandis que le *triomphateur* s'avance,
  » entouré de ses légions, *que feront*
  » *les tranquilles enfans des Muses ?*
  » *Ils marcheront à la tête du char,*
  » *pour lui rappeler qu'il est homme,*
  » et mêler aux chants guerriers les
  » touchantes images qui faisaient
  » pleurer *Paul-Emile* sur les malheurs
  » de *Persée.*

» Et vous, fille des Césars, etc. »

M. de Chateaubriant parlait alors à
l'homme puissant et *vainqueur :* écoutons le
parler du *vaincu* ; et, ce qui est la même
chose pour lui, de *l'usurpateur* ; car M. de
C...... est très-fort sur les synonymes.

« Que faisait le destructeur de nos pères,
  » de nos frères, de nos fils, quand il
  » moissonnait la fleur de la France ?
  » Il fuyait ; il venait aux Tuileries,
  » dire en se frottant les mains au coin

» du feu : Il fait meilleur ici que sur
» les bords de la *Bérézina*. Les *Tigel-*
» *lins* disaient : *Ce qu'il y a d'heureux*
» *dans cette retraite, c'est que l'Em-*
» *pereur n'a manqué de rien;* il a tou-
» jours été *bien nourri, bien enveloppé*
» *dans une bonne voiture,* etc. » (p. 41.)

Il faut passer *ces lieux communs* à
M. de C......., parce qu'il n'était pas, lui,
au bord de la *Bérézina*, et que, peut-être
bien, il n'a jamais vu l'ordre de marche
d'une armée. Si son ignorance des mouve-
mens militaires était un peu moins grande,
s'il avait été à la Bérézina, ou s'il avait
seulement pris la peine de consulter les
militaires qui s'y sont trouvés, il aurait su
qu'il n'était pas plus possible à l'Empereur
qu'aux moindres officiers, *d'avoir une*
bonne voiture; et cela, par une raison fort
simple, c'est qu'il n'y en avait plus à la *Béré-*
zina; mais le bienheureux citadin n'a vu,
comme tant d'autres, les désastres de Mos-
cow que du haut des tours de l'Observa-

toire de Paris , et le verre de sa lunette était sans doute obscurci par les vapeurs opaques de la capitale. Je n'ai point vu l'Empereur se frotter les mains auprès du feu ; mais j'ai été souvent à portée de le voir et de l'admirer dans les bivouacs, dans les marches ; il s'y ménageait aussi peu que le dernier de ses soldats ; je l'ai vu à Dresde, le 28 août 1813 , partager les fatigues et les dangers de l'armée : il n'était pas dans une bonne voiture , le héros de Brienne , de Saint-Dizier, de Champ-Aubert, de Mont-mirail, de Vauchamp, de Nangis, de Montereau , de Craone ; mais nous l'avons tous vu le premier aux coups sur ces champs de bataille.

« On a reproché à plusieurs familles
» nobles, d'avoir sollicité des emplois
» à la cour de Buonaparte ; mais on
» ignore peut-être que son système
» d'humiliation pesait particulière-
» ment sur l'ancienne noblesse, qu'il
» aurait voulu anéantir, soit en lui

» faisant contracter *des alliances qui*
» *devaient altérer la pureté de son ori-*
» *gine ,* soit en la forçant de ployer sous
» la dépendance qu'il exerçait si des-
» potiquement. *Il signifiait qu'il fallait*
» *accepter telle ou telle place* ; alors un
» refus aurait inévitablement compro-
» mis la sûreté personnelle. » (Suppl.)

Ici M. de Chateaubriant n'en impose à personne ; on sait que l'ancienne noblesse a concouru de bonne foi et librement aux emplois, charges et places de l'Empire ; que les plus illustres de ses membres n'étaient pas les moins âpres à s'en saisir. Pourquoi les aurait-on forcés d'accepter des places ? N'y avait-il donc en France que les anciens nobles en état de les remplir ? On n'examinait pas s'ils étaient anciens ou nouveaux, purs ou impurs, patriciens ou plébéiens ; il suffisait qu'ils eussent des talens et de la capacité, avantages que M. de Chateaubriant refuse nettement à l'ancienne noblesse ; et certes ici je le prends sur le fait ; c'est lui-même qui sera mon *oracle* ; il dit dans son ouvrage du Sacerdoce : (2e *partie*, *liv.* 1er, *chap.* 43, *édit. de Londres.*)

« A voir ainsi le monarque endormi dans
» la volupté, des courtisans corrompus,
» des ministres *méchans ou imbécilles* ;
» le peuple perdant ses mœurs ; *des*
» *nobles ou ignorans ou atteints des*
» *vices du jour* ; des ecclésiastiques à
» Paris *la honte de leur ordre*, on
» eût dit une foule de *manœuvres* s'em-
» pressant à démolir un grand édifice. »

Ce tableau est de main de maître : tels sont les hommes sous le joug desquels on osait replacer une nation éclairée, puissante et magnanime, après vingt-cinq ans de gloire.

On ne voit pas pourquoi l'ancienne noblesse eût été humiliée en s'alliant à la nouvelle ; l'une n'avait que des parchemins et les exploits de ses aïeux ; l'autre a pris son origine sous nos yeux, sur le champ d'honneur ; ses glorieuses cicatrices , ses actions d'éclat, ses lauriers, voilà ses diplômes ; elle est tout par elle-même, et rien par ses ancêtres.

« Aussi pusillanime que Néron , *il n'a* » *pas eu le courage d'implorer un af-* » *franchi ;* en jetant le masque qui » couvrait son avidité, il profite de » l'or que la générosité de ses vain- » queurs lui a offert *pour le détermi-* » *ner à ne pas sacrifier inutilement* » *les guerriers dont la valeur s'était* » *vouée à le défendre.* »

M. de C....... est un mauvais juge en fait de courage, et il a voulu le prouver par ce peu de lignes, où l'injure le dispute à la mauvaise foi.

L'Empereur n'en était pas encore réduit *à implorer un affranchi*, lorsqu'il abdiqua. (1) L'auteur ne peut ignorer qu'à

______

(1) Implorer un affranchi ! ce n'aurait pas été mourir en roi. Comment M. de C...., qui paraît posséder les fastes héroïques de la chevalerie, ne

Fontainebleau Napoléon disposait d'une puissante armée, de plus de cent places de guerre, et que les vainqueurs tremblaient dans Paris : d'un mot il pouvait allumer la guerre civile, et faire de la France une nouvelle Espagne ; il n'y avait pas un de ses guerriers, comme le dit lui-même M. de C......., qui ne se soit voué à sa défense; il ne le voulut pas. Quels que soient les motifs qui aient porté l'Empereur à abdiquer, on lui doit de la reconnaissance pour avoir fait, à cette époque, le sacrifice

---

sait-il pas cela? Louis XVI, toujours débonnaire sur le trône, mourut comme Socrate ; s'il eut imploré un affranchi dans la plus affreuse des adversités, il n'eut montré qu'une âme vulgaire. Napoléon renonçant au plus bel empire de l'univers, et vivant en philosophe dans sa retraite de l'île d'Elbe, est plus grand aux yeux du sage que s'il eut imploré un affranchi. Mais d'où serait-il venu cet affranchi? Si un assassin se fût présenté, n'aurait-il pas, comme le *Cimbre* qui leva le poignard sur *Marius*, reculé d'épouvante et pris la fuite à l'aspect de sa victime !

momentané de ses prétentions ; il a montré par-là que l'Empire était au plus digne, et d'autres ont prouvé que le plus digne c'était lui. (1)

Il y a bien de quoi s'extasier sur la générosité des alliés ! ne disposaient-ils pas de nos finances, en dotant Napoléon de six millions ?... Six millions au vainqueur de l'Europe !!! ce n'est pas mille francs pour chacune des victoires qu'il a remportées sur les ennemis de la France.

---

(1) On a été jusqu'à dire, pour humilier l'Empereur, que les Romains ne voulaient pas de Corses pour esclaves ; mais c'est là, ce me semble, un éloge. Quel est le peuple le plus digne d'estime de celui qui ronge ses fers au lieu de les porter, où de celui qui se soumet lâchement à la servitude ? Les Corses dans l'esclavage conservaient l'esprit d'indépendance, une indomptable fierté ; ils aimaient mieux se laisser mourir de faim que de travailler pour leurs maîtres. Les Romains d'aujourd'hui sont bien au-dessous d'eux ! car ils sont gouvernés par des papes, et foulent d'un pied stupide les monumens de leur puissance et de leur orgueil.

(1) Il serait superflu d'entasser un plus grand nombre de citations ; tout le monde connaît les OEuvres de M. de Châteaubriant. Actuellement que l'effervescence des passions et des opinions est calmée , que la majorité des Français a relevé les aigles et les couleurs , symboles de l'honneur et de la gloire nationale , j'ai voulu , en mettant les fragmens d'un écrit célèbre sous les yeux du lecteur impartial , démontrer à quel aveuglement, à quels excès , à quelle mauvaise foi ces mêmes passions peuvent conduire.

L'Empereur n'a pas besoin de justification ; le récit pur et simple de ce qu'il a fait de grand et d'héroïque sera son plus bel éloge , le seul digne d'un si grand homme. Il est trop élevé , trop loin des écrivains folliculaires et gagistes pour s'apercevoir qu'ils existent : les invectives des libelles obscurs n'ont jamais terni la gloire des héros.

---

(1) Les trois paragraphes suivans sont écrits depuis le retour de l'Empereur.

L'écrivain qui a eu le malheur d'attacher son nom à un livre tel que celui dont je viens de citer des extraits s'est jugé lui-même : son masque est tombé ; le public l'a reconnu au milieu de cette foule qui se tourne incessamment vers le soleil levant, dans l'espoir d'en obtenir les premiers rayons. Ce qu'il y a de singulier, c'est que l'œuvre de M. de Ch... au lieu de servir les Bourbons n'a fait qu'exaspérer l'opinion en sens inverse du but qu'il s'était proposé ; les cœurs généreux se sont indignés, d'illustres souvenirs se sont réveillés, des hommes courageux ont élevé la voix, tous les Français ont repris leur ancienne énergie, et le trône éphémère élevé par la force des circonstances s'est écroulé de lui-même au milieu d'un déluge de pamphlets, de diatribes et de libelles, dont l'indécence aigrissait tous les ressentimens nés des fautes d'un gouvernement imprudent.

« Mieux vaut un sage ennemi qu'un
» ignorant ami. »